ekundarstufe

Eckhard Berger

Francisco de Goya

Anmalen und weitergestalten

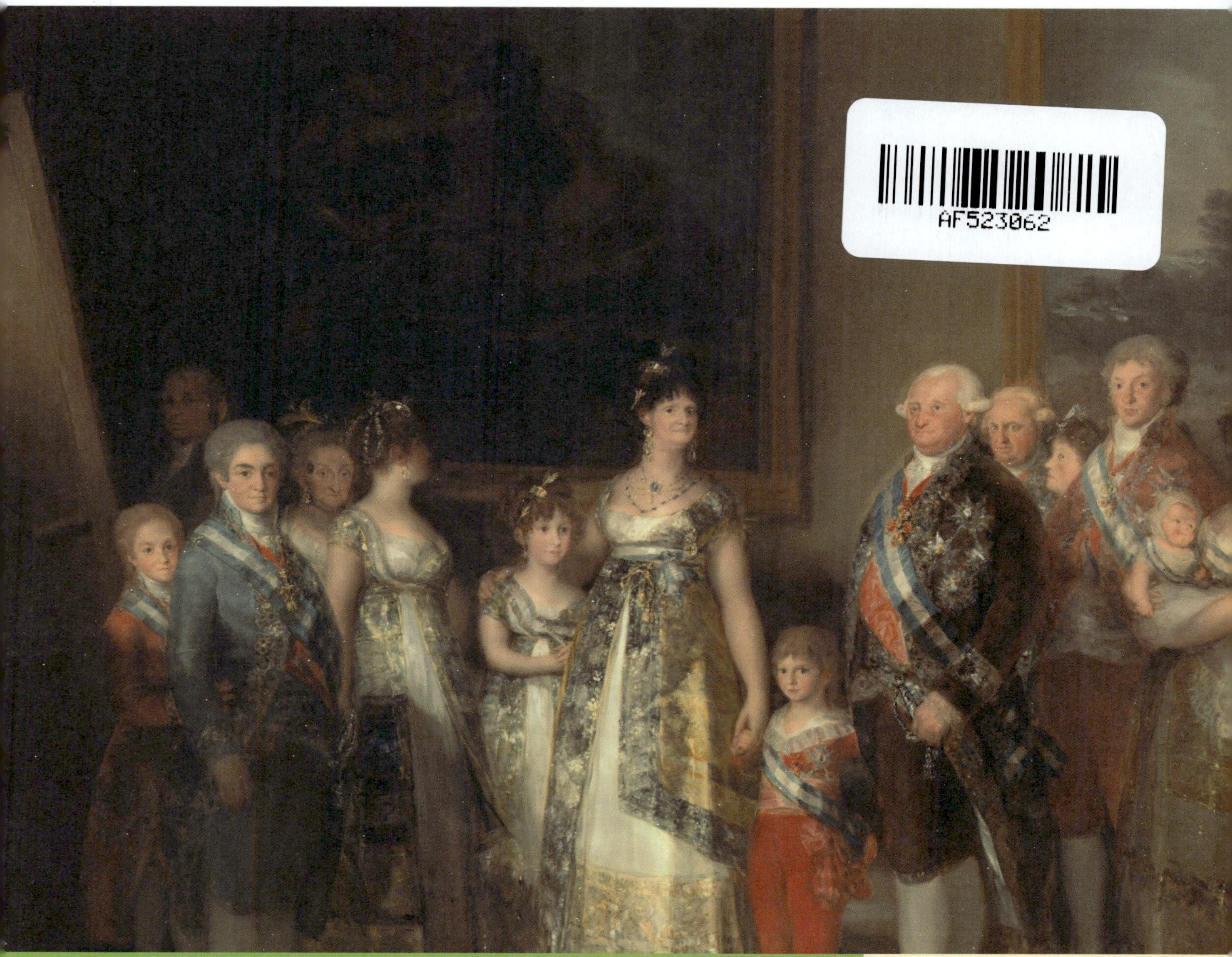

- Aufgaben und Projekte zum Leben und Werk des Künstlers
- Hochwertige Abbildungen und prägnante Sachtexte
- Ein Schulmalbuch

www.kohlverlag.de

Francisco de Goya
Anmalen und weitergestalten

1. Auflage 2024

Idee und Text: Eckhard Berger
Fotos: Archiv teamberger
Redaktion: Kohl-Verlag
Coverbild: Museo del Prado – wikimedia.org
Grafik & Satz: Eckhard Berger und Kohl-Verlag
Druck: Elanders GmbH, Waiblingen

Bestell-Nr. 13 076

ISBN: 978-3-98841-143-3

Bildquellen © adobestock.com

S. 2: © Africa Studio; S. 4: © Racle Fotodesign, NewFabrika, fotogestoeber, pamela_d_mcadams; S. 5: © Jorge Anastacio, ii-graphics, eunikas, flogle, saiko3p, SeanPavonePhoto, Augustin Lazaroiu, Sergii Figurnyi; S. 18: © M. Schuppich; S. 19: © M. Schuppich; S. 22: © ilapinto, laufer, zatletic, rook76, Sutana, Silvio, cityanimal; S. 23: © KarSol; S. 24: © Jose, mrks_v; S. 5-31: © Sarah

Inhalt

FRANCISCO DE GOYA
Anmalen und weitergestalten – Bestell-Nr. 13 076

Vorwort

Francisco de Goya – Anmalen und weitergestalten gehört zu der neuartigen Schulmalbuchreihe, die als Schülerarbeitsbuch oder als Kopiervorlagenwerk einsetzbar ist. Sie führt konzeptionell innovativ und genial einfach direkt in das Leben und in das Werk der großen internationalen Künstler aus Vergangenheit und Gegenwart ein. Schülerinnen und Schüler aller Klassen und Schulformen erwerben begeistert Wissen, malen Bilder farbenprächtig an und gestalten sie ideenreich weiter. Mit fantastischen Ergebnissen belohnen sie sich und werden schnell Kunstexperten. Lehr- und Lerneffizienz sind garantiert.

Francisco de Goya Selbstbildnis 1815

Francisco de Goya, spanischer Maler und Grafiker, gehört mit seinem vielfältigen und außergewöhnlichen Werk noch heute zur internationalen Kunstelite. Sein Talent entwickelte sich langsam. Im Alter von über 30 Jahren fand er große Anerkennung. Entwürfe von Teppichen für die Königspaläste und Porträts brachten ihm die ersten Erfolge. Nach einer schweren Krankheit, die ihn taub werden ließ, entstanden seine eindrucksvollsten Gemälde und Bildzyklen. Er bekannte sich gegen Krieg und Grausamkeiten und für den Frieden. Als er starb, hinterließ er 700 Gemälde, 300 Drucke und weit über 1000 Zeichnungen, die noch heute auf Ausstellungen Besuchermengen begeistern und faszinieren.

Francisco de Goya – Anmalen und weitergestalten beinhaltet viele prägnante Texte und hochwertige Abbildungen. Alle Aufgaben, die sich in jedes beliebige Format kopieren lassen, sind sorgfältig ausgewählt und erprobt. Sie können chronologisch als Reihe oder beliebig einzeln als Haupt-, Ergänzungs-, Vertiefungs- oder Nebenthema in allen Kunstunterrichtsformen inner- und außerschulisch eingesetzt werden. Auf Grund ihres hohen Selbsterklärungs- und Aufforderungscharakters ist eine Unterrichtsvorbereitung (fast) nicht notwendig. Nach einer kurzen Einführung starten die Schülerinnen und Schüler. Hauptarbeitsmittel sind neben dem Bleistift die Farbstifte (Faser-, Filz- oder Buntstifte). Auf größeren Formaten kann mit Tuschfarben gearbeitet werden.

Viel Freude und Erfolg wünschen bei dem Einsatz des Schülerarbeitsbuchs und Kopiervorlagenwerks **Francisco de Goya – Anmalen und weitergestalten**

der Kohl-Verlag und *Eckhard Berger*

Goya

Der Maler und Grafiker **Francisco de Goya** (Foto links), der vollständig **Francisco José de Goya y Lucientes** hieß, wurde am 30. März 1746 in dem Dorf Fuendetodos in Spanien geboren und starb am 16. April 1828 in Bordeaux in Frankreich. Als Vierzehnjähriger zog er nach Saragossa und lernte bei dem bekannten Künstler **José Luzán**. Auf Grund seiner genialen Fähigkeiten wurde er in Madrid Hofmaler bei drei aufeinanderfolgenden Königen, Akademieprofessor und erhielt den Titel **König der Maler**. Er ging nach Rom, Paris und Bordeaux.

Vielseitig und einzigartig waren seine Gemälde und Grafiken: Wandteppichentwürfe für Königspaläste, Porträts von Königen, Adligen und vielen bedeutenden Persönlichkeiten, Grafiken mit Szenen aus dem Alltag, Stillleben und Bilder gegen den Krieg und Grausamkeiten.

Paris
Bordeaux
FRANKREICH
ITALIEN
Rom
SPANIEN
Saragossa
Fuendetodos
Madrid
Sanlúcar

Aufgabe: *Er wohnte und arbeitete in den Orten. Finde sie und die Länder Spanien, Italien und Frankreich in deinem Atlas. Male die Orte rot und Spanien braun, Italien grün und Frankreich blau an.*

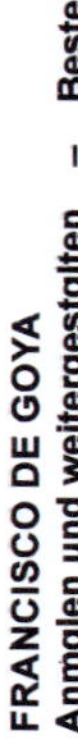

Porträt

So wurde Francisco de Goya 1826 von dem spanischen Maler **Vicente López Y Portana** mit Farbpalette und Pinsel porträtiert.

Aufgabe: *Male das Porträt an. Setze dich mit einem ausgewählten Gegenstand in ähnlicher Position und Mimik hin. Klebe ein Blatt Papier an und lasse dich von einem Mitschüler mit Bleistift oder Farbstiften möglichst genau darstellen.*

Hier ankleben

Königsbruder 1770

Ab ca. 1770 begann er, Einzel- und Gruppenporträts zu malen. In dem Bild von 1784 zeigt er den jüngsten Bruder des spanischen Königs **Karl III**. mit seiner Familie, **Luis de Borbón y Farnesio**. Er selbst malte sich links vor einer Leinwand mit Pinseln, einer Palette und Malstock in der Hand in hockender Stellung dazu.

Aufgabe: *Beschreibe das Bild. Klebe ein oder zwei Blätter Papier an. Zeichne dich und deine Familie anstelle des ursprünglichen Inhalts dazu und male danach alles an.*

Hier ankleben

Der Sonnenschirm 1777

Zu seinen frühen Werken gehörten viele Entwürfe für Wandteppiche. Der Teppich **Der Sonnenschirm** (1777) sollte als Dekoration über der Esszimmertür im Palast des Königs in Madrid hängen.

Aufgabe: *Zeichne auf der gestrichelten Linie in dem Bildausschnitt weiter und male die Inhalte an.*

Blindekuh

Auch später entwarf Francisco de Goya noch Wandteppiche, zum Beispiel der Teppich **Das Blindekuhspiel** (1788) für das Arbeitszimmer des Königs. Es zeigt Erwachsene beim Spielen. Einer Person sind die Augen verbunden. Sie muss eine andere fangen und deren Namen nennen.

Aufgabe: *Beschreibe das Bild oben.*
Zeichne den Personen einen neuen fantasievollen Hintergrund.
Spiele anschließend Blindekuh mit deinen Mitschülern.

Knaben mit Bluthunden 1786

Francisco de Goya
Knaben mit Bluthunden 1786

Hier ankleben

Aufgabe: *Klebe ein Blatt Papier an. Zeichne das Bild weiter und male es an.*

Jungen Klettern auf einen Baum 1791-1792

Francisco de Goya
Jungen klettern
auf einen Baum
1791-1792

Aufgabe: *Beschreibe das Bild. Male es an. Erzähle von deinen Klettererlebnissen.*

Don Manuel 1792

1792 malte er das **Porträt des Don Manuel**. Es zeigt einen Jungen aus einer wohlhabenden Adelsfamilie mit einem feinen roten Hosenanzug.

Aufgabe: *Beschreibe den weiteren Inhalt. Was meinst du dazu, dass er einen Vogel an einer Leine führt? Erkläre, wie ein Kind heute bekleidet ist. Zeichne Don Manuels Hose auf der Strichlinie weiter. Male sie rot an.*

Wie ein Esel

Das Bild **Du, der du nichts dafür kannst** (1797-1799) gehört zu Francisco de Goyas bekannten Reihe Los Caprichos, mit der er seine Beobachtungen in seiner Umgebung darstellte.

Aufgabe: *Überlege, was er darstellen wollte. Denke dabei an den Satz „Sich wie ein Esel benehmen". Male die Esel an.*

Galerie

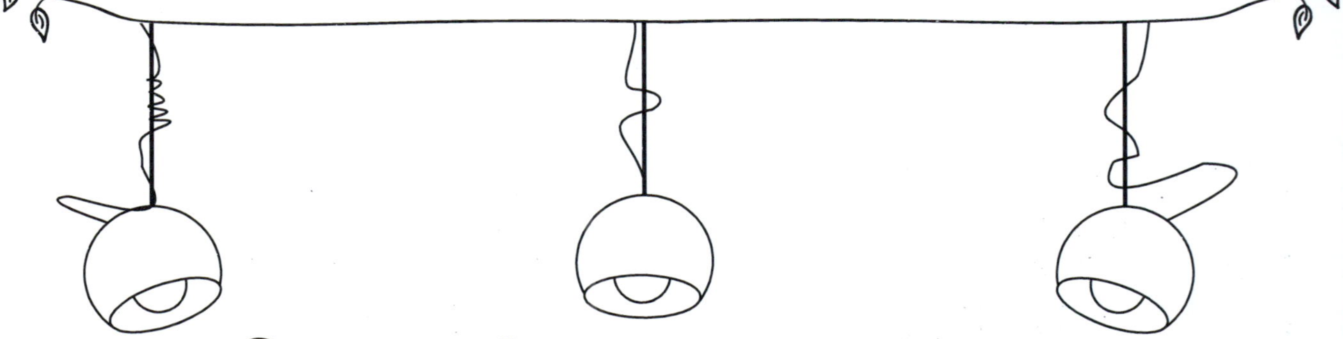

1 Blume: **Porträt der Comtesse del Carpio** 1794-1795

2 Schwarzer Hut: **Maria Ramona de Barbachano** 1787-1788

3 Pelzkragen: **Antonia Zárate** 1811

4 Hand im Hemd: **Porträt Dr. Peral** um 1795

5 Schriftstück: **Antonio Adán de Yarza** 1787-1788

6 Armbänder: **Bernada Tavira** 1787-1788

Viele weitere Personen wollten sich von ihm malen lassen.

Aufgabe: *Trage die richtigen Nummern ein. Das jeweilige Stichwort wird dir helfen. Male die Scheinwerfer an. Porträtiere eine ausgewählte Person.*

Karl IV. 1800

1800 und 1801 malte Francisco de Goya die königliche Familie Karls IV. Entdecke den Künstler.

Aufgabe: *Klebe das Bild auf eine feste Unterlage und schneide die Teile auf der Strichlinien aus. Fertig ist dein super Goya-Puzzle.*

FRANCISCO DE GOYA
Anmalen und weitergestalten – Bestell-Nr. 13 076
KOHL VERLAG

Maja 1800-1805

Nach dem Tod seiner Frau hatte er eine enge Beziehung zu der Herzogin von Alba und lebte auf ihrem Landgut. Möglicherweise hatte er sie hier in dem Bild **Die bekleidete Maja** (1800-1805) dargestellt. Sie soll damals die größte Schönheit gewesen sein. Eine Maja galt als besonders verführerisch.

Aufgabe: *Klebe ein Blatt Papier an und vervollständige das Bild mit dem Bleistift. Wende auch die Schraffurtechnik an.*

Hier ankleben

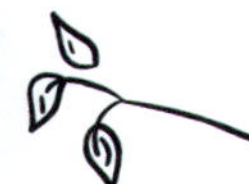

Denk gut nach 1803

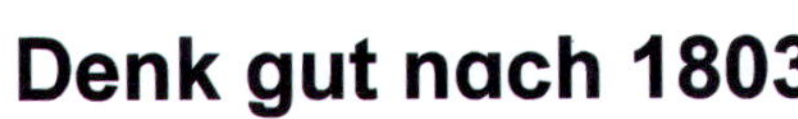

Mit Pinseln und schwarzer Tusche malte er zwischen 1803 und 1824 Alltagsbilder, wie zum Beispiel **Denk gut nach**.

Aufgabe: *Male das Bild an und gestalte den Hintergrund weiter.*

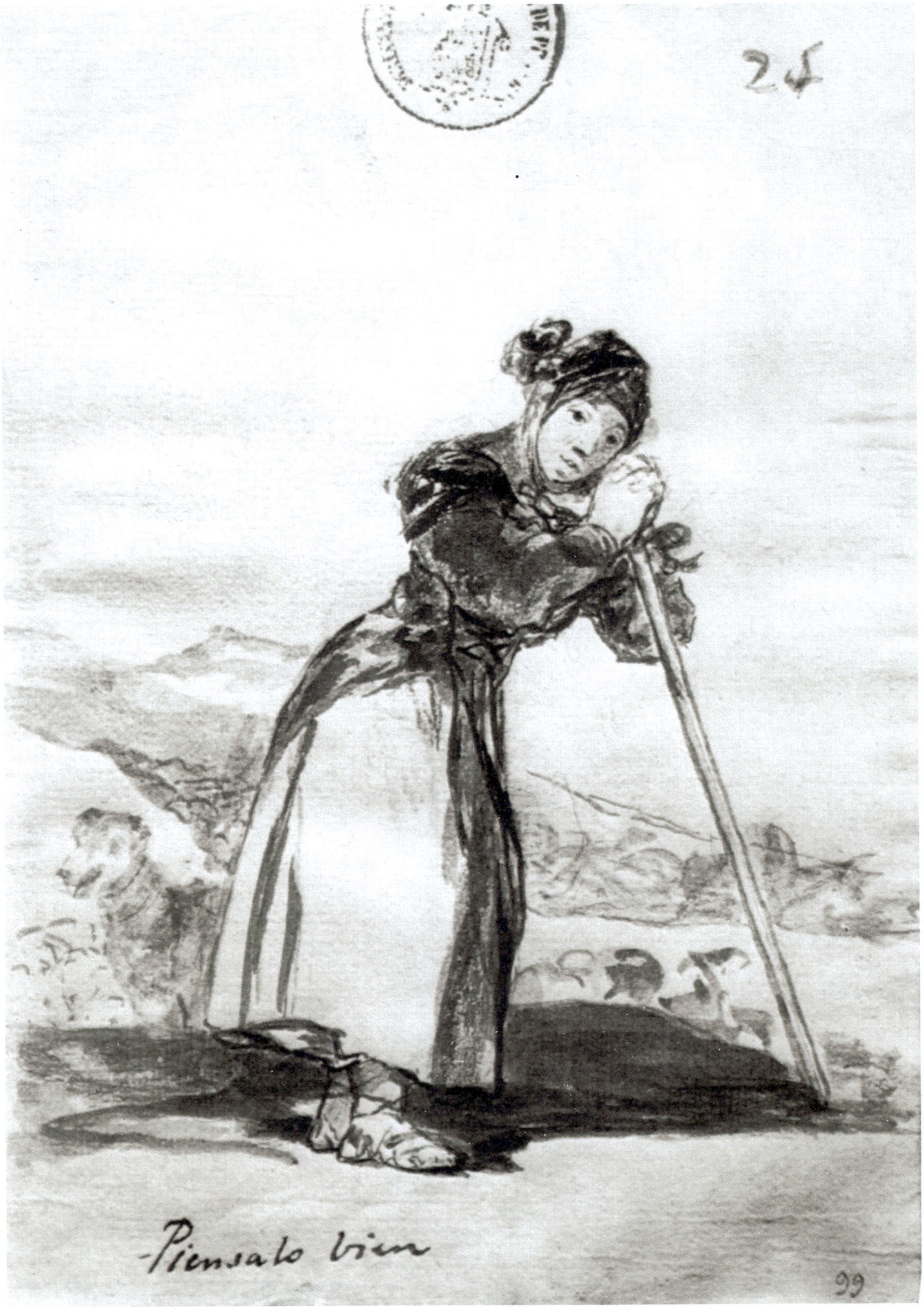

FRANCISCO DE GOYA
Anmalen und weitergestalten – Bestell-Nr. 13 076
KOHL VERLAG

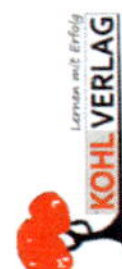

Stillleben 1808-1812

Das Bild **Stillleben mit Früchten, Flaschen und Broten** (1808-1812) gehört zu einer Reihe verschiedener Stillleben, die er zwischen 1808 und 1812 malte.

Aufgabe: *Schneide die Teile mit der Schere aus und klebe sie in die Lücken. Fertig ist das Bild.*

Tipp

- Stelle ein Stillleben aus einer Flasche, Früchten und einem Brot oder Brötchen zusammen.
- Male es mit Pinseln und Tuschfarben auf einem Blatt deines Zeichenblocks ab.

Die Erschießung der Aufständischen 1814

Französische Truppen unter Kaiser Napoleon I. besetzten 1808 Spanien. Aufständische, die sich dagegen wehrten, wurden erschossen. Francisco de Goya malte eine dieser Szenen. 43 Spanier wurden durch Erschießen getötet. Er klagt mit dem Bild an und wendet sich gegen Krieg und Gewalt.

Aufgabe: *Beschreibe es. Sammle Berichte aus Zeitungen über Krieg und klebe sie hierhin. Klebe für mehr Platz ein Blatt Papier an. Sprich mit deinen Mitschülern über den Krieg und seine Folgen. Male mit Pinseln und Tuschfarben ein Bild gegen Krieg oder für Frieden. Stelle es mit den Bildern deiner Mitschüler aus.*

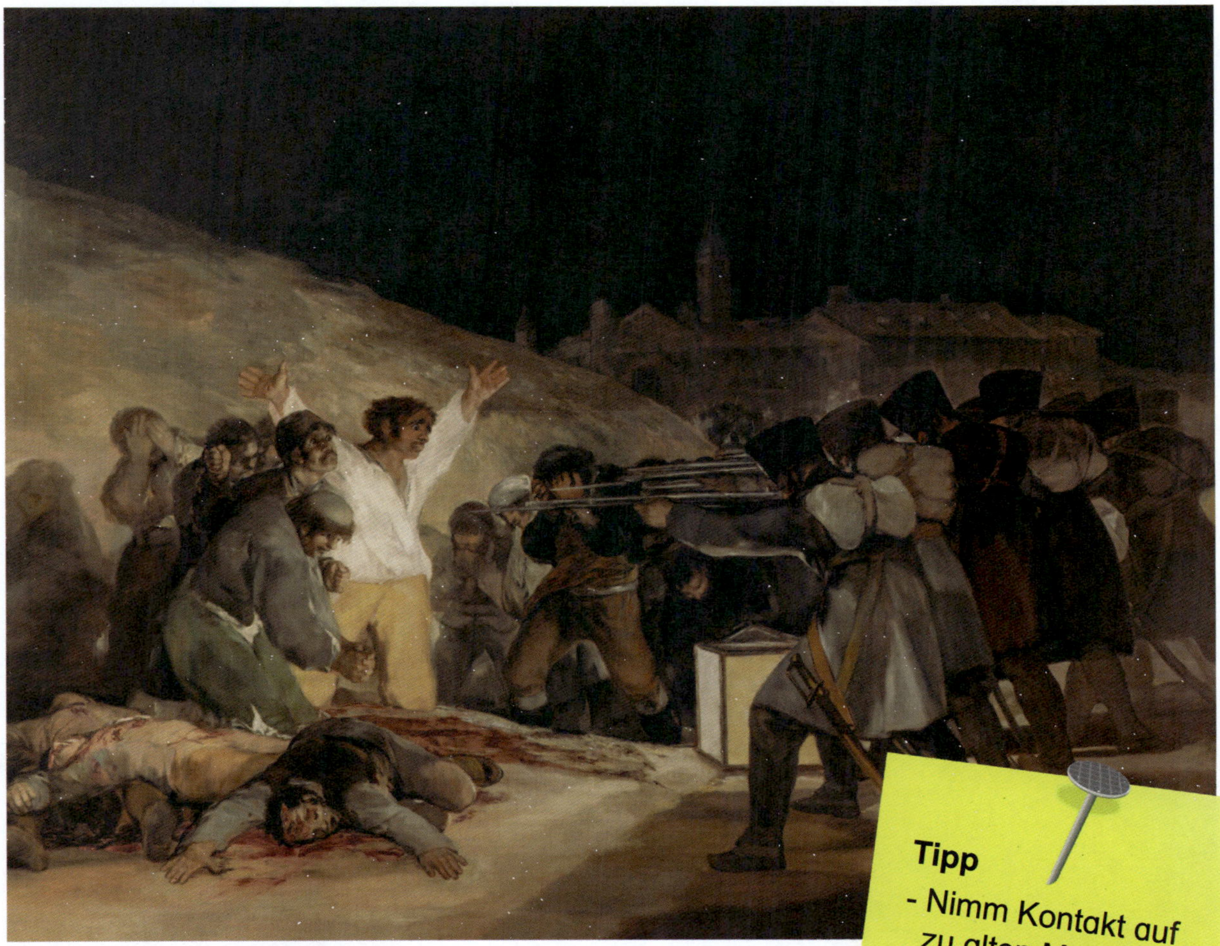

Erschießung der Aufständischen 1814

Tipp

- Nimm Kontakt auf zu alten Menschen, die den 2. Weltkrieg erlebten, oder zu Flüchtlingen aus Kriegsgebieten. Erfahre von Ihnen, was sie alles erleben mussten.

Hier ankleben

Dr. Arrieta 1820

Der bekannte Arzt Dr. Arrieta heilte Francisco de Goya 1819 von einer tödlichen Krankheit. Er verabreichte ihm ein Medikament. Aus Dank malte er 1820 die Szene **Selbstbildnis mit Dr. Arrieta**.

Aufgabe: *Male das Bild an. Erzähle, wie dir bei einer Krankheit geholfen wurde.*

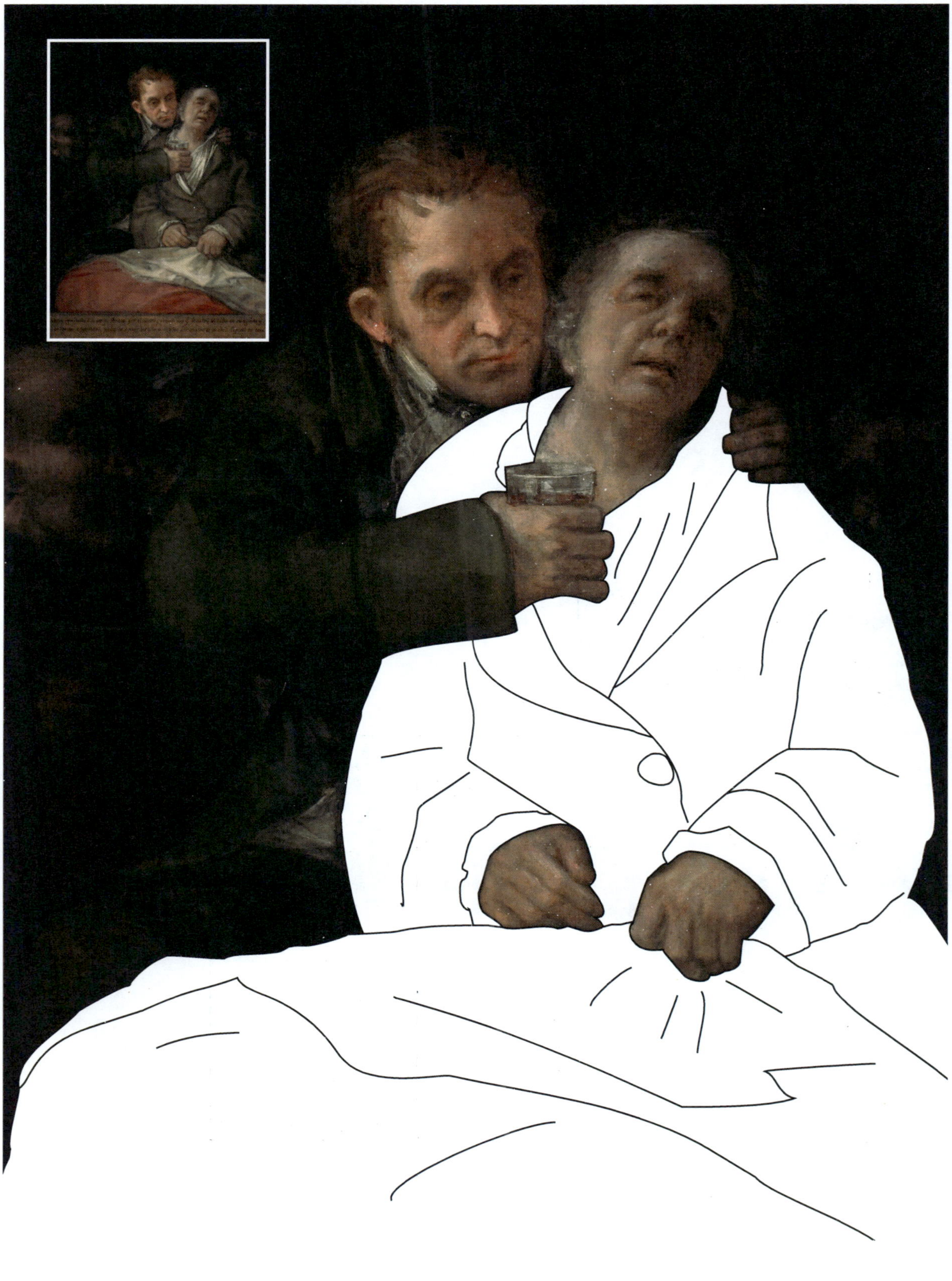

Milchmädchen 1827

Aufgabe: *Es war vermutlich das letzte Bild, das Francisco de Goya malte, bevor er 1828 starb. Klebe ein Blatt Papier an. Zeichne das Bild weiter und male es an.*

Hier ankleben

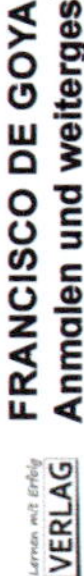

Briefmarken

Seit dem Tod Francisco de Goyas erinnern nicht nur Ausstellungen in vielen Museen und Galerien an ihn und sein Werk, sondern auch Briefmarken mit seinen Bildern in vielen Ländern.

Aufgabe: *Zähle auf den Beispielen die hier genannten Länder auf. Entwirf deine eigene Briefmarke mit einem Motiv von dir. Ergänze dazu ein Land.*

Informationen über Goya

Der Maler und Grafiker **Francisco de Goya**, dessen vollständiger Name **Francisco José de Goya y Lucientes** war, wurde am 30. März 1746 in dem Dorf Fuendetodos (Foto oben) in der Provinz Aragón in Spanien geboren und starb am 16. April 1828 in Bordeaux in Frankreich. Er hatte noch fünf Geschwister. Sein Vater war **José de Goya**, der als Vergolder, Veredler von Oberflächen mit Blattgold und anderen Metallen, arbeitete und seine Mutter **Gracia Lucientes y Salvador**, eine Landadlige ohne Vermögen.

Als er 14 Jahre alt war, zog seine Familie nach Saragossa, der Hauptstadt von Aragón. Da er keine Arbeit in der Werkstatt seines Vaters fand, nahm er 1760 Unterricht bei dem dort führenden Künstler **José Luzán**, dessen besondere Fähigkeit war, nackten Figuren auf religiösen Bildern Gewänder zu malen. Dafür erhielt er den Titel **Korrektor unanständiger Gemälde**.

Porträt der Josefa de Goya 1795-1796

1763 zieht Francisco de Goya nach Madrid, der Hauptstadt Spaniens, dem Sitz des Königs. Hier wurden Künstler durch den Reichtum der Monarchie gefördert. Sein Versuch, in der dort neu gegründeten Akademie der Künste, der **Academia San Fernando**, aufgenommen zu werden, scheiterte. Nach einem Italienaufenthalt gelang die Aufnahme. Jahre später wurde er ihr stellvertretender Direktor und Professor. 1773 heiratete er **Josefa Bayeu** (Foto links). Mit ihr hatte er mehrere Kinder, von denen nur ein Sohn überlebte.

FRANCISCO DE GOYA
Anmalen und weitergestalten – Bestell-Nr. 13 076

Informationen über Goya

Zwischen 1775 und 1776 und auch gelegentlich in den Folgejahren entwarf er Wandteppiche für die **Königliche Teppichmanufaktur Santa Bárbara**, mit denen die Königspaläste **El Escorial** (Foto oben links) außerhalb und **El Pardo** (Foto oben rechts) innerhalb Madrids dekoriert wurden. Zusätzlich entstanden viele Einzel- und Gruppenporträts.

1786 wurde er zunächst Hofmaler bei den spanischen Königen **Karl III.**, ab 1788 bei **Karl IV.** und später bei **Ferdinand VII.**, der allerdings nur wenig Interesse an der Kunst hatte.

Ende 1792 litt er an einer schweren, mysteriösen Krankheit. Noch heute ist die richtige Diagnose unbekannt. Vielleicht war der Auslöser eine Art Bleivergiftung durch die Verwendung einer besonderen weißen Farbe oder ein Nervenzusammenbruch. Als Folge war er zeitweilig gelähmt und blind und blieb lebenslänglich taub. Während seiner Genesungszeit malte er kleine Formate. 1795 kam noch der Tod seiner Frau dazu. Er litt sehr. Auf Grund von politischen Unruhen siedelte er im gleichen Jahr nach Frankreich in die Städte Paris und Bordeaux um.

Die Herzogin von Alba 1797

1796 und 1797 zog es ihn auf das Landgut der ebenfalls verwitweten **Herzogin von Alba** (Foto unten links) nach Sanlúcar in Andalusien. Mit ihrem Mann hatte sie zuvor Francisco de Goyas Arbeit gefördert. Sie war eine schöne, kluge und besonders einflussreiche Frau. Mit ihr verband ihn eine tiefe Freundschaft. Beiden wurde eine Liebesaffäre nachgesagt. Sie stand ihm mehrere Male als Modell zu zu Verfügung.

Informationen über Goya

Auf ihrem Gut schuf er von 1797 bis 1799 den berühmten Radierzyklus **Los Caprichos, Die Launen** (Fotos oben). Weitere Grafikreihen folgten. Eine Wende vollzog sich in seinem künstlerischen Schaffen. Nicht nur die Umgebung des Königs und Porträts der Auftraggeber aus dem Adels- und Kirchenstand gehörten zu seiner Arbeit, sondern auch fantasievolle Bilder mit Ergebnissen seiner scharfsinnigen Beobachtungen der Gesellschaft.

Die Familie Karls IV. 1800-1801

1800 begann Francisco de Goya die königliche Familie (Foto oben) zu malen. Er stellte sie ohne Übertreibung so dar, wie sie aussah. Er selbst ist im Hintergrund links an seiner Staffelei zu sehen. Die Kritiker meinten allerdings, dass der König Karl IV. wie ein Bäcker und seine Frau Luise wie ein Lotteriegewinn aussehen würden.

FRANCISCO DE GOYA
Anmalen und weltergestalten – Bestell-Nr. 13 076

Informationen über Goya

Erschießung der Aufständischen 1814

1807 drang die französische Armee unter Kaiser **Napoleon I.** in Spanien ein und besetzte es. Es begann der Spanische Unabhängigkeitskrieg. Francisco de Goyas Werk **Erschießung der Aufständischen** (Foto oben), eines seiner bekanntesten Gemälde, zeigt einen grausamen Vorfall von 1808. Der Oberkommandierende der französischen Truppen gab acht Infanteristen den Befehl, spanische Aufständische zu erschießen.

Der 1810 begonnene Zyklus mit 82 Radierungen **Desastres de la Guerra**, **Schrecken des Krieges**, hält eindringlich die Grausamkeit des Krieges fest. Nach dem erfolglosen Russlandfeldzug 1812 und den verlorenen Schlachten bei Paris 1814 und Waterloo 1815 dankte Kaiser **Napoleon I.** ab. Spanien wurde wieder unabhängig.

Spanien blieb aber politisch unruhig, sodass Francisco de Goya sich zurückzog und nur noch für sich und seine engsten Freunde arbeitete.

1819, im Alter von 73 Jahren, erkrankte er erneut lebensgefährlich. Nur mit Hilfe des bekannten Madrider Arztes **Eugenio Garcia Arrieta** wurde er wieder gesund.

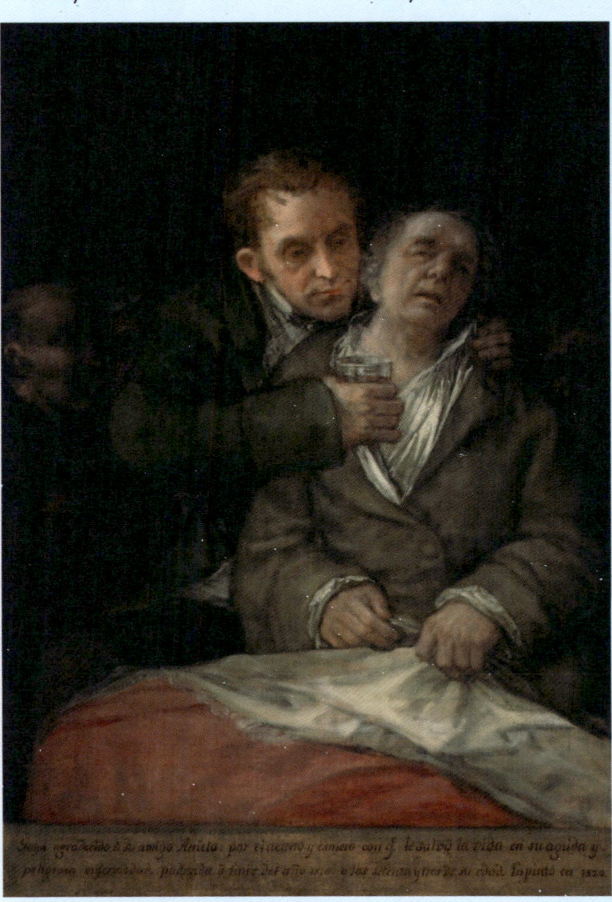

Selbstbildnis mit Dr. Arrieta 1820

Aus Dankbarkeit malte er das dramatische Doppelporträt **Selbstbildnis mit Dr. Arrieta** (1820). Es zeigt ihn, wie er todkrank vom Arzt gestützt wurde und eine Medizin erhielt. Im Hintergrund stellte er dunkelfarbig Menschen dar, die wahrscheinlich seine Verwandten waren.

Ähnliche Bilder zum Thema Tod und Alter schuf er zwischen 1820 und 1828 in seiner Reihe **Pinturas negras, schwarze Bilder**. In ihnen brachte er seine zum Teil düsteren Fantasien zum Ausdruck.

Um politischen Verfolgungen auf Grund seiner liberalen Meinungen zu entgehen, zog er wie viele Freunde von ihm nach Bordeaux. Hier arbeitete er an Stierkampfszenen.

Dort starb er 1828. 1901 wurde sein Leichnam nach Spanien gebracht und 1919 dann in der **Ermita de San Antonio de la Florida** in Madrid beigesetzt.

FRANCISCO DE GOYA
Anmalen und weitergestalten – Bestell-Nr. 13 076

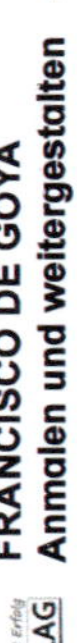

Der Arzt
um 1813

Portät des Ferdinand VII. im Königsornat 1814

Auf dem Weg zum Markt
um 1800

Alte Spinnerin 1819

Abschlusstest

1. *Schreibe in die Lücken.*

Francisco de Goya wurde im Jahr ______ in ______________________________

geboren und starb im Jahr ______ in________________________________.

2. *Unterstreiche, bei wem er Kunst studierte.*

Pablo Picasso José Luzán José de Goya

3. *Unterstreiche die richtigen Angaben.*

- Er heiratete **Josefa Bayeu/Josefine Bacon**.
- Seine Entwürfe für Wandteppiche waren für **Kirchen/Paläste** bestimmt.
- Er war Hofmaler bei den Königen **Karl III./Wilhelm, Carlos/Karl IV.** und **Karl der Große/Ferdinand VII.**
- Als Folge einer Krankheit **1801/1792** blieb er lebenslänglich **blind/taub**.
- Er zog auf das **Schloss/Landgut** der Gräfin/Herzogin von **Albi** von Alba.
- Spanien war von **französischen Truppen/russischen Truppen** unter **Kaiser Napoleon I./Zar Iwan** besetzt.
- In seiner Reihe Pinturas Negras stellte er schwerpunktmäßig das Thema Freude und **Jugend/ Tod** und Alter dar.
- Seine letzten Lebensjahre verbrachte er in **Paris/Bordeaux**.

4. *Zu welchem Bild gehört die Kritikeraussage, dass der König wie ein Bäcker und seine Frau Luise wie ein Lotteriegewinn aussehen würden?*

____

5. *Ergänze das Jahr und die Länder.*

____ wurde sein Leichnam von __________ nach __________ gebracht.

6. *Nenne den Bildtitel und das Entstehungsjahr.*

____

____

____

Lösungen Abschlusstest

1.
1746, Fuendetodos
1828, Bordeaux

2.
José Luzán

3.
Josefa Bayeu
Paläste
Karl III. und Karl IV. und Ferdinand VII.
1792, taub
Landgut, Herzogin von Alba
französischen Truppen, Kaiser Napoleon I.
Tod und Alter
Bordeaux

4.
Die Familie Karls IV.

5.
1901, von Frankreich nach Spanien

6.
Erschießung der Aufständischen, 1814

Porträt des Herzogs von Wellington
um 1814

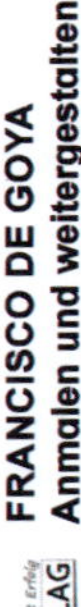

Info/Bestellung: Originalkunst *teamberger.de* ***teamberger@web.de***

Grafiken *printler.com*
art-heroes.com
Designs *redbubble.com*
Mode und Bilder *art-shirt.com*

Eckhard Berger

Autor, Künstler, Designer, Kunsthistoriker und Kunstreferent

- Geboren am 06.06.1951
- wohnt und arbeitet in Brake/Unterweser
- Kunst-, Pädagogik-, Psychologie- und Soziologiestudium, Universität Oldenburg
- Seit 1987 internationale Kunstausstellungen, Events und Kooperationen mit Künstlern, Galerien und Kulturinstitutionen
- Moderne Grafik, Skulpturen, Kunstkonzepte, Schmuck- und Möbeldesign
- Design der Freizeitmodekollektionen ***Segelimagination*** *und* ***Landschaftsimagination*** *(Ich trage Kunst)*
- Werke im privaten und öffentlichen Besitz
- Grafikeditionen für Liebhaber und Sammler
- Gründung der Aktion ***Kunst hilft****, Bilderspenden für wohltätige Organisationen und Hilfs- und Umweltprojekte*
- Innovative Förderkonzepte für Kinder und Jugendliche
- Autor von neuartigen Praxisbüchern für den modernen Kunstunterricht in Deutschland, Österreich und der Schweiz, andere Fachbereiche (Psychologie, Wahrnehmung, Kreativität und Ernährung) und für die Freizeit
- Vorträge zu populären Pädagogik-, Psychologie-, Kunst-, Kunstpädagogik-, Kunstgeschichts- und Kreativitätsthemen
- Mitwirkung in TV- und Kinofilmen

Über 150 Bücher und Publikationen aus dem Kohl-Verlag verfügbar, u.a.

Farbtopf (Vorschule, GS)
Kunterbunte Farbtopfgeschichten (Vorschule, GS)
Kunststarter (Vorschule, GS)
Konzentrieren können (Vorschule, GS)
Zeichnen können, 4 Bände (Vorschule, GS)
Zusatzmaterial Anfangsunterricht (Vorschule, GS)
5-Minuten-Lesegeschichten (Vorschule, GS)
Schwungübungen (Vorschule, GS)
Bunte Farbe (GS)
Kunstwerke für Schulen, 3 Bände (GS)
Kunst fachfremd unterrichten (GS)
Entspannungsmalen (GS)
Kunst in Kürze (GS)
Buchstaben- und Zahlengeschichten (GS)
Zahlen (GS)
Buchstaben (GS)
Kinder fit fördern, 3 Bände (GS)
Kinderkunstland (GS)
Bildstarke Geschichten (GS)
Emmas Kunstentdeckungen, 2 Bände (GS)
Kunst in 3 Niveaustufen (GS)
Anmalen & Weitergestalten für kleine Künstler (GS)
Freies Kreativzeichnen (GS)
Kunstwerke entdecken und anmalen (GS)
Kompetenzförderung Rätseln, zeichnen & anmalen (GS)
Kompetenzförderung Geschichten lesen, zeichnen & anmalen (GS)
Die Kunstepoche
Kompetenzförderung Wahrnehmen, sich konzentrieren, zeichnen & anmalen (GS)
Kunstbonbons, 5 Bände (GS)
Kreatives Gedächtnistraining (GS)
Vertretungsstunden Kunst (GS)
Kunstgeschichte für Kinder (GS, SEK)
Max Beckmann - Anmalen und weitergestalten, Schulmalbuch, 32 Bände mit Der Blaue Reiter, Die Brücke, Pieter Bruegel, Paul Cézanne, Gustave Courbet, Lucas Cranach, Edgar Degas, Albrecht Dürer, Jan van Eyck, Caspar David Friedrich, Paul Gauguin, Vincent van Gogh, Wassily Kandinsky, Ernst-Ludwig Kirchner, Paul Klee, Gustav Klimt, August Macke, Édouard Manet, Franz Marc, Jean-François Millet, Paula Modersohn-Becker, Claude Monet, Camille Pissarro, Rembrandt, Pierre-Auguste Renoir, Henri Rousseau, Peter Paul Rubens, Georges Seurat, Henri de Toulouse-Lautrec, Jan Vermeer, Leonardo da Vinci (GS, SEK)
Anmalen und Weitergestalten für kleine Künstler (GS,SEK)

Superleckere Smoothies, 2 Bände (GS, SEK)
Superleckere Smoothies und Shakes (GS, SEK)
Kunstgeschichte für Kinder (GS, SEK)
Farbe - Komplette Theorie im modernen Kunstunterricht (SEK)
Design - Moderner Kunstunterricht in der Sekundarstufe (SEK)
Moderne Kunst, 3 Bände (SEK)
Künstler in die Klassen, 3 Bände (SEK)
Kunstwerke für Schulen, 3 Bände (SEK)
Kunst in Kürze (SEK)
Kunst COOL, (SEK)
Kunsttipp & Co, 3 Bände, (SEK)
Kunstknaller, 2 Bände (SEK)
Logikrätsel Kunst, 2 Bände (SEK)
Kreuzworträtsel Kunst (SEK)
Emmas Kunstentdeckungen (SEK)
Wir werden Kunstprofi, 2 Bände (SEK)
Kunst fachfremd unterrichten (SEK)
Entspannungsmalen, 2 Bände (SEK)
Internationale Gegenwartskunst (SEK)
Kunst in 3 Niveaustufen (SEK)
Freies Kreativzeichnen (SEK)
Raum und Perspektive (SEK)
Die Kunstepoche Barock (SEK)
Die Kunstepoche Gotik (SEK)
Die Kunstepoche Romantik (SEK)
Die Kunstepoche Klassizismus (SEK)
Die Kunstepoche Impressionismus (SEK)
Die Kunstepoche Expressionismus (SEK)
Die Kunstepoche Realismus (SEK)
Die Kunstepoche Renaissance (SEK)
Die Kunstepoche Jugendstil (SEK)
Kreatives Gedächtnistraining (SEK)
Große Kunstgeschichte, 2 Bände (SEK)
Kunstquizzer (SEK)
Vertretungsstunden Kunst (SEK)
Kreative kurze Kunstprojekte (SEK)
Moderne Kunst, 3 Bände (SEK)
Kunstthema Landschaft (SEK)
Kunstthema Alltag (SEK)
Kunstthema Porträt (SEK)
Kunstthema Stillleben (SEK)
Die große Graffitischule (SEK)
Das große Graffiti-Schulmalbuch (SEK)